Le Jeu
du Baccalauréat

بالعربية

La course au nom

Le jeu du baccalauréat ou jeu du bac, plus familièrement petit bac, est un jeu de société et de lettres dont le but est de trouver, par écrit et en un temps limité, une série de mots appartenant à une catégorie prédéfinie par les joueurs et commençant par la même lettre.

Le principe est simple : chaque joueur dispose d'une feuille et d'un crayon. On définit en début de partie plusieurs catégories, par exemple : animaux, prénoms féminins, pays, metiers, villes, sports, objets, célébrités. Chaque joueur note sur sa feuille les catégories choisies.

Le meneur du jeu annonce une lettre, ou on la tire au hasard si lui-même joue.

Les joueurs doivent, le plus vite possible, trouver pour chaque catégorie un mot commençant par la lettre tirée au sort.

Par exemple, avec les catégories citées, si la lettre est م

اسم: محمد

مكان : مطبوخ

مدينة أو بلد : مالي

فعل : مكث

Etc...

La partie s'arrête lorsqu'un des joueurs annonce avoir trouvé un mot correspondant à chaque catégorie, ou au bout d'un temps déterminé à l'avance (3 à 5 minutes) si personne ne trouve toutes les réponses.

On compte les points de la façon suivante : 1 mot trouvé par un seul joueur lui rapporte 2 points.1 mot trouvé par plusieurs joueurs rapporte 1 point à chacun d'entre eux.

TESTER ET ENRICHIR SON VOCABULAIRE

EN S'AMUSANT

ح	اسم	حيوان	مكان	مهنة	شيء	مدينة أو بلد	فعل	اسم الله	نتيجة
مجموع النقاط									

ح	اسم	حيوان	مكان	مهنة	شيء	مدينة أو بلد	فعل	اسم الله	نتيجة
مجموع النقاط									

ح	اسم	حيوان	مكان	مهنة	شيء	مدينة أو بلد	فعل	اسم الله	نتيجة
مجموع النقاط									

ح	اسم	حيوان	مكان	مهنة	شيء	مدينة أو بلد	فعل	اسم الله	نتيجة
مجموع النقاط									

نتيجة	اسم الله	فعل	مدينة أو بلد	شيء	مهنة	مكان	حيوان	اسم	ح
	مجموع النقاط								

نتيجة	اسم الله	فعل	مدينة أو بلد	شيء	مهنة	مكان	حيوان	اسم	ح
	مجموع النقاط								

ح	اسم	حيوان	مكان	مهنة	شيء	مدينة أو بلد	فعل	اسم الله	نتيجة
مجموع النقاط									

نتيجة	اسم الله	فعل	مدينة أو بلد	شيء	مهنة	مكان	حيوان	اسم	ح
	مجموع النقاط								

ح	اسم	حيوان	مكان	مهنة	شيء	مدينة أو بلد	فعل	اسم الله	نتيجة
مجموع النقاط									

ح	اسم	حيوان	مكان	مهنة	شيء	مدينة أو بلد	فعل	اسم الله	نتيجة
مجموع النقاط									

ح	اسم	حيوان	مكان	مهنة	شيء	مدينة أو بلد	فعل	اسم الله	نتيجة
مجموع النقاط									

ح	اسم	حيوان	مكان	مهنة	شيء	مدينة أو بلد	فعل	اسم الله	نتيجة
مجموع النقاط									

موضوع الأقلام

نتيجة	اسم الله	فعل	مدينة أو بلد	شيء	مهنة	مكان	حيوان	اسم	ح
	مجموع النقاط								

ح	اسم	حيوان	مكان	مهنة	شيء	مدينة أو بلد	فعل	اسم الله	نتيجة
مجموع النقاط									

ح	اسم	حيوان	مكان	مهنة	شيء	مدينة أو بلد	فعل	اسم الله	نتيجة
مجموع النقاط									

ح	اسم	حيوان	مكان	مهنة	شيء	مدينة أو بلد	فعل	اسم الله	نتيجة
مجموع النقاط									

نتيجة	اسم الله	فعل	مدينة أو بلد	شيء	مهنة	مكان	حيوان	اسم	ح
	مجموع النقاط								

ح	اسم	حيوان	مكان	مهنة	شيء	مدينة أو بلد	فعل	اسم الله	نتيجة
مجموع النقاط									

ح	اسم	حيوان	مكان	مهنة	شيء	مدينة أو بلد	فعل	اسم الله	نتيجة
مجموع النقاط									

نتيجة	اسم الله	فعل	مدينة أو بلد	شيء	مهنة	مكان	حيوان	اسم	ح

مجموع النقاط

ح	اسم	حيوان	مكان	مهنة	شيء	مدينة أو بلد	فعل	اسم الله	نتيجة
مجموع النقاط									

ح	اسم	حيوان	مكان	مهنة	شيء	مدينة أو بلد	فعل	اسم الله	نتيجة
مجموع النقاط									

ح	اسم	حيوان	مكان	مهنة	شيء	مدينة أو بلد	فعل	اسم الله	نتيجة
مجموع النقاط									

ح	اسم	حيوان	مكان	مهنة	شيء	مدينة أو بلد	فعل	اسم الله	نتيجة
مجموع النقاط									

ح	اسم	حيوان	مكان	مهنة	شيء	مدينة أو بلد	فعل	اسم الله	نتيجة
مجموع النقاط									

ح	اسم	حيوان	مكان	مهنة	شيء	مدينة أو بلد	فعل	اسم الله	نتيجة
مجموع النقاط									

ح	اسم	حيوان	مكان	مهنة	شيء	مدينة أو بلد	فعل	اسم الله	نتيجة
مجموع النقاط									

ح	اسم	حيوان	مكان	مهنة	شيء	مدينة أو بلد	فعل	اسم الله	نتيجة
مجموع النقاط									

ح	اسم	حيوان	مكان	مهنة	شيء	مدينة أو بلد	فعل	اسم الله	نتيجة
مجموع النقاط									

ح	اسم	حيوان	مكان	مهنة	شيء	مدينة أو بلد	فعل	اسم الله	نتيجة
مجموع النقاط									

ح	اسم	حيوان	مكان	مهنة	شيء	مدينة أو بلد	فعل	اسم الله	نتيجة
مجموع النقاط									

نتيجة	اسم الله	فعل	مدينة أو بلد	شيء	مهنة	مكان	حيوان	اسم	ح
	مجموع النقاط								

ح	اسم	حيوان	مكان	مهنة	شيء	مدينة أو بلد	فعل	اسم الله	نتيجة
مجموع النقاط									

نتيجة	اسم الله	فعل	مدينة أو بلد	شيء	مهنة	مكان	حيوان	اسم	ح
									مجموع النقاط

ح	اسم	حيوان	مكان	مهنة	شيء	مدينة أو بلد	فعل	اسم الله	نتيجة
مجموع النقاط									

نتيجة	اسم الله	فعل	مدينة أو بلد	شيء	مهنة	مكان	حيوان	اسم	ح
	مجموع النقاط								

ح	اسم	حيوان	مكان	مهنة	شيء	مدينة أو بلد	فعل	اسم الله	نتيجة
مجموع النقاط									

نتيجة	اسم الله	فعل	مدينة أو بلد	شيء	مهنة	مكان	حيوان	اسم	ح

مجموع النقاط

ح	اسم	حيوان	مكان	مهنة	شيء	مدينة أو بلد	فعل	اسم الله	نتيجة
مجموع النقاط									

ح	اسم	حيوان	مكان	مهنة	شيء	مدينة أو بلد	فعل	اسم الله	نتيجة
مجموع النقاط									

ح	اسم	حيوان	مكان	مهنة	شيء	مدينة أو بلد	فعل	اسم الله	نتيجة
مجموع النقاط									

ح	اسم	حيوان	مكان	مهنة	شيء	مدينة أو بلد	فعل	اسم الله	نتيجة
مجموع النقاط									

نتيجة	اسم الله	فعل	مدينة أو بلد	شيء	مهنة	مكان	حيوان	اسم	ح
مجموع النقاط									

ح	اسم	حيوان	مكان	مهنة	شيء	مدينة أو بلد	فعل	اسم الله	نتيجة
مجموع النقاط									

ح	اسم	حيوان	مكان	مهنة	شيء	مدينة أو بلد	فعل	اسم الله	نتيجة
مجموع النقاط									

ح	اسم	حيوان	مكان	مهنة	شيء	مدينة أو بلد	فعل	اسم الله	نتيجة
مجموع النقاط									

موضوع القراءة

ح	اسم	حيوان	مكان	مهنة	شيء	مدينة أو بلد	فعل	اسم الله	نتيجة
مجموع النقاط									

نتيجة	اسم الله	فعل	مدينة أو بلد	شيء	مهنة	مكان	حيوان	اسم	ح
								مجموع النقاط	

ح	اسم	حيوان	مكان	مهنة	شيء	مدينة أو بلد	فعل	اسم الله	نتيجة
مجموع النقاط									

ح	اسم	حيوان	مكان	مهنة	شيء	مدينة أو بلد	فعل	اسم الله	نتيجة
مجموع النقاط									

مجموعة الأقلام

ح	اسم	حيوان	مكان	مهنة	شيء	مدينة أو بلد	فعل	اسم الله	نتيجة
مجموع النقاط									

ح	اسم	حيوان	مكان	مهنة	شيء	مدينة أو بلد	فعل	اسم الله	نتيجة
مجموع النقاط									

ح	اسم	حيوان	مكان	مهنة	شيء	مدينة أو بلد	فعل	اسم الله	نتيجة
مجموع النقاط									

ح	اسم	حيوان	مكان	مهنة	شيء	مدينة أو بلد	فعل	اسم الله	نتيجة
مجموع النقاط									

ح	اسم	حيوان	مكان	مهنة	شيء	مدينة أو بلد	فعل	اسم الله	نتيجة
مجموع النقاط									

ح	اسم	حيوان	مكان	مهنة	شيء	مدينة أو بلد	فعل	اسم الله	نتيجة
مجموع النقاط									

ح	اسم	حيوان	مكان	مهنة	شيء	مدينة أو بلد	فعل	اسم الله	نتيجة
مجموع النقاط									

ح	اسم	حيوان	مكان	مهنة	شيء	مدينة أو بلد	فعل	اسم الله	نتيجة
مجموع النقاط									

نتيجة	اسم الله	فعل	مدينة أو بلد	شيء	مهنة	مكان	حيوان	اسم	ح
مجموع النقاط									

ح	اسم	حيوان	مكان	مهنة	شيء	مدينة أو بلد	فعل	اسم الله	نتيجة
مجموع النقاط									

ح	اسم	حيوان	مكان	مهنة	شيء	مدينة أو بلد	فعل	اسم الله	نتيجة
مجموع النقاط									

ح	اسم	حيوان	مكان	مهنة	شيء	مدينة أو بلد	فعل	اسم الله	نتيجة
مجموع النقاط									

ح	اسم	حيوان	مكان	مهنة	شيء	مدينة أو بلد	فعل	اسم الله	نتيجة
مجموع النقاط									

ح	اسم	حيوان	مكان	مهنة	شيء	مدينة أو بلد	فعل	اسم الله	نتيجة
مجموع النقاط									

ح	اسم	حيوان	مكان	مهنة	شيء	مدينة أو بلد	فعل	اسم الله	نتيجة
مجموع النقاط									

ح	اسم	حيوان	مكان	مهنة	شيء	مدينة أو بلد	فعل	اسم الله	نتيجة
مجموع النقاط									

نتيجة	اسم الله	فعل	مدينة أو بلد	شيء	مهنة	مكان	حيوان	اسم	ح
	مجموع النقاط								

نتيجة	اسم الله	فعل	مدينة أو بلد	شيء	مهنة	مكان	حيوان	اسم	ح

مجموع النقاط

ح	اسم	حيوان	مكان	مهنة	شيء	مدينة أو بلد	فعل	اسم الله	نتيجة
مجموع النقاط									

ح	اسم	حيوان	مكان	مهنة	شيء	مدينة أو بلد	فعل	اسم الله	نتيجة
مجموع النقاط									

ح	اسم	حيوان	مكان	مهنة	شيء	مدينة أو بلد	فعل	اسم الله	نتيجة
مجموع النقاط									

نتيجة	اسم الله	فعل	مدينة أو بلد	شيء	مهنة	مكان	حيوان	اسم	ح
مجموع النقاط									

نتيجة	اسم الله	فعل	مدينة أو بلد	شيء	مهنة	مكان	حيوان	اسم	ح

مجموع النقاط

ح	اسم	حيوان	مكان	مهنة	شيء	مدينة أو بلد	فعل	اسم الله	نتيجة
مجموع النقاط									

ح	اسم	حيوان	مكان	مهنة	شيء	مدينة أو بلد	فعل	اسم الله	نتيجة
مجموع النقاط									

ح	اسم	حيوان	مكان	مهنة	شيء	مدينة أو بلد	فعل	اسم الله	نتيجة
مجموع النقاط									

ح	اسم	حيوان	مكان	مهنة	شيء	مدينة أو بلد	فعل	اسم الله	نتيجة
مجموع النقاط									

نتيجة	اسم الله	فعل	مدينة أو بلد	شيء	مهنة	مكان	حيوان	اسم	ح
مجموع النقاط									

ح	اسم	حيوان	مكان	مهنة	شيء	مدينة أو بلد	فعل	اسم الله	نتيجة
مجموع النقاط									

ح	اسم	حيوان	مكان	مهنة	شيء	مدينة أو بلد	فعل	اسم الله	نتيجة
مجموع النقاط									

ح	اسم	حيوان	مكان	مهنة	شيء	مدينة أو بلد	فعل	اسم الله	نتيجة
مجموع النقاط									

ح	اسم	حيوان	مكان	مهنة	شيء	مدينة أو بلد	فعل	اسم الله	نتيجة

مجموع النقاط | |

ح	اسم	حيوان	مكان	مهنة	شيء	مدينة أو بلد	فعل	اسم الله	نتيجة
مجموع النقاط									

نتيجة	اسم الله	فعل	مدينة أو بلد	شيء	مهنة	مكان	حيوان	اسم	ح
	مجموع النقاط								

ح	اسم	حيوان	مكان	مهنة	شيء	مدينة أو بلد	فعل	اسم الله	نتيجة
مجموع النقاط									

نتيجة	اسم الله	فعل	مدينة أو بلد	شيء	مهنة	مكان	حيوان	اسم	ح
	مجموع النقاط								

ح	اسم	حيوان	مكان	مهنة	شيء	مدينة أو بلد	فعل	اسم الله	نتيجة
مجموع النقاط									

ح	اسم	حيوان	مكان	مهنة	شيء	مدينة أو بلد	فعل	اسم الله	نتيجة
مجموع النقاط									

ح	اسم	حيوان	مكان	مهنة	شيء	مدينة أو بلد	فعل	اسم الله	نتيجة
مجموع النقاط									

ح	اسم	حيوان	مكان	مهنة	شيء	مدينة أو بلد	فعل	اسم الله	نتيجة
مجموع النقاط									

ح	اسم	حيوان	مكان	مهنة	شيء	مدينة أو بلد	فعل	اسم الله	نتيجة
مجموع النقاط									

ح	اسم	حيوان	مكان	مهنة	شيء	مدينة أو بلد	فعل	اسم الله	نتيجة
مجموع النقاط									

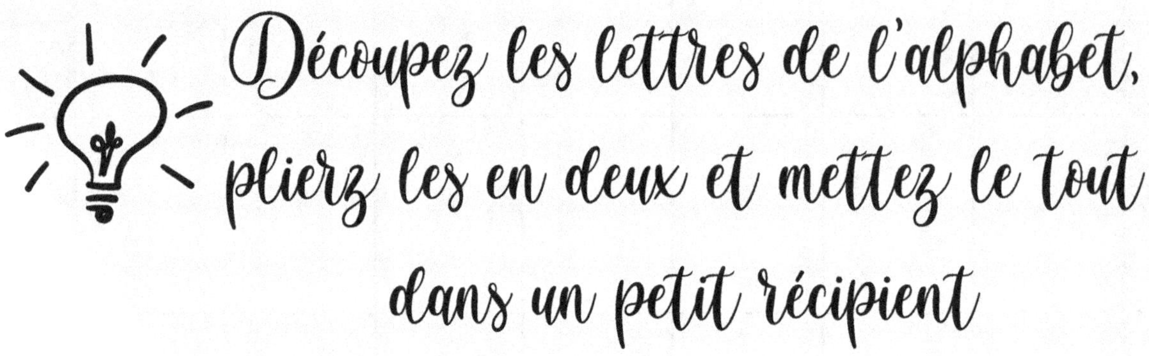

Chaque joueur choisi un papier au hasard dans ce récipient, une fois utilisé, mettez le de coté (afin de ne pas retomber sur la même lettre)

الحروف

ا ب ت ث ج ح

خ د ذ ر ز س

ش ص ض ط ظ ع

غ ف ق ك ل م

ن ه و ي

ا ب ت ث ج ح

خ د ذ ر ز س

ش ص ض ط ظ ع

غ ف ق ك ل م

ن ه و ي

Merci d'avoir acheté notre livre !

Si vous aimez ce livre, nous apprécierons votre avis sur Amazon.

Pour ce faire, rendez~vous sur la page Amazon de ce livre et cliquez sur "Ecrire mon avis"

Merci beaucoup !